LES 50 HABITUDES DE CEUX QUI RÉUSSISSENT

Comment automatiser au maximum votre réussite

CHRISTIAN H. GODEFROY

Club Positif

CLUB POSITIF

Retrouvez sur le site du Club Positif de nombreux livres de développement personnel, de santé et de bien-être. Vous trouverez dans la bibliothèque de livres gratuits plusieurs livres au format numérique sur la relaxation, la motivation, la réussite et le développement de soi-même.

http://livres-gratuits.com

INTRODUCTION

L'histoire du marchand ambulant et de son cheval vous est-elle familière ?

Ce cheval s'arrêtait à chaque taverne présente sur leur route, même si l'homme était déjà passablement éméché, et ce dernier trouvait juste la force de boire quelques verres supplémentaires, qui ne faisaient qu'aggraver son état.

Puis il remontait en titubant sur son attelage, et repartait jusqu'à ce que son cheval l'arrête de nouveau à la taverne suivante...

L'ivresse ne concerne pas de nombreuses personnes, mais la plupart des gens ont un cheval qui décide pour eux, même s'il est bien caché au fond de leur inconscient !

Ce cheval est celui de leurs habitudes.

Un jour, plus lucide qu'à la normale, ce marchand décida d'échanger son cheval avec celui d'un ami.

Que se passa-t-il, selon vous ?

Bien évidemment, l'ivrogne fut incapable de modifier son

itinéraire habituel, et reprit les mêmes routes, pour aboutir dans les mêmes tavernes.

Au bout de quelques mois, son nouveau cheval n'avait plus besoin qu'il le dirige, pour l'amener de lui-même sur les chemins de l'ivresse.

Pourquoi, par quelle habitude, et surtout par l'habitude de qui ?

A votre avis ?...

Les habitudes peuvent être bien nuisibles.

Alors, bien sûr, vous me direz que certaines d'entre elles sont bonnes, voire indispensables dans votre quotidien, et vous aurez raison.

Lorsque vous tournez brusquement le volant pour éviter la voiture qui pile devant vous, vous ne prenez pas une décision consciente : votre cerveau utilise votre habitude de conduire, pour déclencher le réflexe approprié.

D'ailleurs, lorsque vous conduisez, vous prenez jusqu'à 4 décisions inconscientes par seconde, toutes fondées sur des habitudes profondément ancrées en vous.

Vous ne pouvez bien conduire sans habitudes, et le souvenir de votre 1ère leçon à l'auto-école est sans doute là pour vous le rappeler !

Mais combien d'habitudes ont-elles ce pouvoir de nous guider positivement, voire de nous sauver la vie ?

Si vous observez vos proches attentivement, n'avez-vous pas parfois l'impression qu'ils accomplissent inlassablement les mêmes choses, de la même façon, pour obtenir les mêmes résultats ?

Mais sans doute êtes-vous habitué à leurs habitudes !

Et aux vôtres également...

Plus encore que des gestes identiques répétés dans une

situation donnée, pensez-vous qu'il soit normal de choisir les mêmes situations, jour après jour ?

Posez-vous ces quelques questions :

- Qui décide pour vous ?
- Que fait votre propre cheval ?
- Où vous amène-t-il ?
- Comment le dirigez-vous ?
- Le dirigez-vous d'ailleurs vraiment ?...

Dans cet ouvrage, nous allons mettre l'accent sur vos habitudes, et sur la façon dont elles peuvent empoisonner votre existence, et brider votre réussite. Puis, nous allons également voir quelles sont les 50 habitudes de ceux qui réussissent.

- Pourquoi les habitudes bloquent la créativité ?
- Comment initier un cycle du changement ?
- Quelles habitudes sont la marque de ceux qui réussissent ?
- Comment mettre en place les bonnes habitudes, et s'y tenir, tous les jours ?

Ce sont ces questions auxquelles nous allons répondre, pour que votre quotidien soit toujours plus riche, plus surprenant, et rempli d'un nouveau potentiel que vous pourrez exploiter.

Comme l'a écrit Pierre Reverdy, un poète français du 20ème siècle : « *Il faut prendre très tôt de bonnes habitudes, surtout celle de savoir changer souvent et facilement d'habitudes* ».

Voyons dès maintenant comment vous pouvez faire évoluer les vôtres...

1

L'HABITUDE EST L'ENNEMIE DE LA CRÉATIVITÉ

On dit souvent que l'habitude est une seconde nature, et qu'il faut donc savoir prendre et avoir les bonnes habitudes.

Ceci est partiellement vrai.

Même si « *l'habitude est indispensable à la création* », comme le dit le russe Constantin Stanislavski, il semble raisonnable de dire que nous ne devons pas verser dans la facilité à faire les choses par simple habitude.

L'habitude, c'est l'habit qui tue l'habileté.

On ne devrait pas tout faire faire par pure habitude, même si certaines d'entres elles sont bonnes.

Pour réussir, il est indispensable que vous restiez pleinement conscient de ce que vous décidez, de ce que vous accomplissez, en étant capable de remettre vos habitudes en question aussi souvent que c'est nécessaire.

On dit souvent que l'habitude tue l'amour dans les couples, en se transformant peu à peu en routine, mais elle va encore plus loin que cela...

L'habitude tue les talents, bloque la créativité et nous coince dans des sentiers battus et rebattus 100 fois par nos pieds, et par ceux des autres.

Et ceci n'est vraiment pas un gage de succès...

L'habitude comportant toujours une part d'automatisme, il faut savoir la dompter pour ne pas devenir machine, et pour ne point être prisonnier d'elle, afin de rester libre et efficient.

Mais qu'est-ce que l'habitude, exactement ?

L'habitude est une disposition acquise, relativement permanente et stable, qui devient une sorte de seconde nature.

Distincte de l'instinct, qui est un montage héréditaire plus ou moins prédéterminé, l'habitude est une conduite ou un ensemble de conduites pouvant s'acquérir par des actes répétés, et qui se conserve de manière relativement stable dans l'esprit de celui qui l'a mise en place.

La capacité de contracter de nouvelles habitudes, de les garder à sa disposition et de les exercer avec un certain automatisme, se rencontre à tous les échelons de la vie animale.

Qui n'a pas rêvé d'amour magnifique et sublime ?

Qui n'a jamais décrié la monotonie de sa vie quotidienne qui se transforme peu à peu en une répétition de gestes à l'identique ?

Qui n'a jamais souhaité changer un boulot devenu trop routinier ?

C'est qu'en réalité, l'habitue tue le plaisir et l'enthousiasme, comme en amour.

C'est ainsi que Roger Lemelin, un écrivain canadien, dit : « *tout plaisir qui devient une habitude n'est plus un plaisir, mais une corvée* ».

Faire les choses par simple habitude ne sollicite pas votre matière grise, qui va finir par se scléroser.

Trop d'habitudes nous rendent un peu plus bêtes.

Qu'a voulu dire Nietzsche, lorsqu'il affirmait dans « Le Gai Savoir » que : « *Toute habitude rend notre main plus spirituelle et notre esprit plus malhabile* » ?

Tout simplement que, lorsqu'on fait quelque chose par habitude, on finit par en être expert de sorte que nos mains la restituent comme par magie, en lui donnant une certaine spiritualité.

Mais, au même moment, l'habitude nous rend malhabile, en tuant notre habileté puisqu'elle inhibe notre esprit, qui ne réfléchit plus avant d'agir.

D'autres auteurs ont également mis le doigt sur les dangers de l'habitude.

Par exemple, John Dryden constate que « *Nous façonnons d'abord nos habitudes, puis nos habitudes nous façonnent* ».

Marcel Proust parle de « *l'influence anesthésiante de l'habitude* ».

Thomas Mann est encore plus direct, et dit que « *l'habitude est une somnolence, ou tout au moins un affaiblissement de la conscience du temps* ».

En d'autres termes, il nous faut donc être vigilants, garder l'esprit en alerte, et nous poser sans cesse la question « *c'est vrai que je fais les choses ainsi depuis très longtemps, et que ça marche plutôt bien. Mais n'y a-t-il pas moyen d'être encore plus efficace* » ?

L'habitude, parce qu'elle nous façonne, nous fait et nous apprend la paresse, devient liberticide et met notre créativité en veilleuse.

Pour le philosophe Emmanuel Kant « *plus l'homme a d'habitudes, moins il est libre et indépendant* ».

En fait, en prenant une habitude et en la gardant, nous dormons sur nos lauriers en nous complaisant dans le confort, avec la crainte de la nouveauté.

En nous accrochant toujours à nos habitudes, nous disons adieu à la nouveauté, source inépuisable de créativité.

Un proverbe dit que « *c'est chose ardue de délaisser l'habitude* », et c'est vrai.

Mark Twain nous donne une piste pour y parvenir : « *On ne se débarrasse pas d'une habitude en la flanquant par la fenêtre, il faut lui faire descendre l'escalier marche par marche* ».

Nous allons voir ensemble plus loin comment emprunter cet escalier de façon efficace.

Attention !

Ne rien faire par pure habitude, ce n'est pas systématiquement changer d'habitude, surtout quand elle est bonne !

Il s'agit plutôt de se questionner sur la qualité de cette habitude, afin de l'améliorer au besoin, ou de la remplacer par une autre.

Idéalement, nos habitudes devraient avoir des cycles courts, et non des cycles très longs.

C'est en cela que Goethe nous conseille : « *des habitudes, tant qu'il te plaira, mais non une habitude* ».

Jean-Jacques Rousseau le présente autrement, en disant : « *la seule habitude qu'on doit laisser prendre à l'enfant, est de n'en contracter aucune* ».

Tel est le vrai secret pour éviter que nos habitudes nous façonnent.

Car même une bonne habitude peut vite s'user avec le temps.

Ne rien faire par pure habitude, c'est accompagner chacun de nos actes de la conscience.

C'est ne rien faire machinalement, juste parce que l'on l'a toujours fait ainsi.

Dans l'absolu, même quand vous fermez la porte, vous devriez vivre ce moment en tout conscience !

Il faut donc savoir dompter ses habitudes et devenir capable de choisir consciemment celles que l'on désire pour soi-même.

Ne rien faire par pure habitude, c'est notamment accepter de remettre en cause de temps en temps ses méthodes, et ses façons de faire.

C'est se donner une chance de s'améliorer.

Faire les choses de la même manière tout le temps revient à considérer qu'on ne peut pas les faire de façon plus intelligente qu'on l'a toujours fait.

En intégrant ce modèle de pensée, vous en serez réduit à de ne pas utiliser votre potentiel créatif, et à stagner.

Il n'y a jamais une seule manière d'aborder un problème, un seul modèle de résolution, une seule façon valable de faire évoluer les choses : il y a potentiellement autant de manières de faire que de personnes pour les inventer.

Vous avez le pouvoir de créer vous-même le chemin qui vous mènera au succès personnel, en déterminant le tracé qui vous convient.

Acceptez simplement de remettre en cause les schémas établis, de penser différemment, d'aborder vos projets avec un œil neuf et curieux, de façon à penser en-dehors du cadre préfabriqué que les autres vous imposent peut-être.

Aucune nouvelle idée ne peut germer dans un esprit stérile,

et il vous faut donc vous ouvrir à de nouvelles possibilités, en acceptant l'opinion de nouvelles personnes, en étendant la portée de votre regard, et en modifiant votre point de vue.

Si vous voulez aller loin sur le chemin de la réussite, vous devez jouer le rôle de l'éponge.

Absorbez ce qui se présente à vous, et faites-en un tri fondé sur l'ouverture d'esprit et sur la remise en question personnelle.

Refusez dès aujourd'hui la routine comme mode de pensée, et utilisez le bon vieil adage « *il n'y a que les idiots qui ne changent pas d'avis* » dans tous vos projets.

Accepteriez-vous d'entendre un laboratoire de recherche médicale vous dire « *nous avons atteint le maximum de nos possibilités, la recherche ne peut plus avancer selon ses modes de fonctionnement actuels, et nous arrêtons de travailler en fin d'année* » ?

Vous trouveriez cette annonce certainement surréaliste et inconcevable dans le domaine de la recherche médicale, et pourtant vous l'acceptez inconsciemment dans bien d'autres domaines de la vie professionnelle et personnelle, qui semblent plus anodins ou moins frappants.

En partant de l'idée que rien ne peut jamais être parfait, toute entreprise, toute action, tout projet, quel qu'il soit, peut profiter de nouveaux progrès et être accompli d'une façon améliorée.

Les personnes qui réussissent se posent toutes la question « *comment est-ce que je peux faire encore mieux ?* », mais jamais « *est-ce que je peux faire mieux ?* », ce qui est bien différent.

Ces personnes utilisent en permanence les portes ouvertes sur le progrès, et cultivent une attitude d'amélioration en toutes choses.

Il peut s'agir de faire plus vite, de faire aussi bien avec

moins de moyens financiers, de faire durer plus longtemps un produit, de créer plus d'emplois, d'utiliser des systèmes plus écologiques, de fournir un meilleur niveau de vie à sa famille, d'agrandir sa maison, de prendre des vacances plus dépaysantes, etc...

La réussite est majoritairement réservée aux personnes qui recherchent le progrès, et remettent en permanence leurs acquis sur la sellette, en cherchant de nouvelles manières de faire fructifier leurs produits, leurs techniques de vente, leur mode de communication, leur réseau, leurs procédures internes, etc...

Intégrez en vous cette philosophie du progrès, et quel que soit votre projet, quel que soit votre domaine d'activité, commencez chacune de vos journées en vous demandant comment vous pouvez faire mieux ou comment vous pouvez aller plus loin, en ne vous contentant pas de vos vieilles habitudes.

La réussite dans le milieu professionnel et personnel dépend directement de votre aptitude à améliorer la qualité de ce que vous faites déjà, et à augmenter votre capacité et votre efficacité de réalisation.

C'est ainsi que les personnes qui sont déjà très occupées arrivent avec brio à accepter et à réaliser du travail supplémentaire, alors que d'autres, avec plus de temps libre, ne veulent ou ne s'en sortent pas.

Dans l'absolu, on ne devrait d'ailleurs déléguer du travail qu'à des personnes dont l'emploi du temps est déjà bien rempli, plutôt que de se tourner vers des personnes qui n'ont pas cherché à remplir le leur.

Si vous avez-vous-même l'impression de vivre sur vos acquis, de ne pas faire autant que ce que vous pourriez faire, ou de ne pas employer les meilleures méthodes pour être totalement efficace, il est peut-être temps de revoir votre organisation et votre façon de voir les choses.

Dans cette optique, n'hésitez plus à accepter de nouvelles responsabilités, ce qui vous permettra de tester votre propre capacité à progresser, de faire croitre l'intérêt que les autres vous portent, et de vous faire avancer sur le chemin de la réussite.

Vous savez que faire preuve de curiosité, se mettre en veille et développer un regard créatif sur le monde est indispensable pour réussir.

Notre créativité au quotidien a besoin de « muses », or ces muses sont présentes tous les jours et partout autour de nous : un article dans la presse, un émission de TV, un film, le parcours d'une personne rencontrée, un nouveau produit, une initiative locale, un stagiaire plein d'étonnement sur notre manière de fonctionner, un voyage....

Si l'on reste enfermé dans sa boîte, avec comme seul cadre de référence « *ce qui s'est toujours fait chez nous* », comment espérer aiguiser notre propre créativité et celle des autres ?

Comment trouver l'inspiration au quotidien, grâce à ce qu'on entend, à ce qu'on voit, à ce qu'on expérimente ?

Oser l'inconnu et l'apprivoiser est essentiel.

L'inconnu fait souvent peur et l'on préfère souvent se retrancher, se recroqueviller sur ce que l'on connaît trop bien : nos habitudes nous rassurent.

L'inconnu libère en nous des réactions de stress, comme la paralysie, la fuite, voire l'agression.

Ces réactions de stress sont protectrices certes, mais nous empêchent souvent d'avancer.

Il vous faut apprivoiser ce stress, apprivoiser ces peurs, et les transmuter en énergie créative.

Vous devez décider de vous bousculer, pour oser franchir le pas, et oser aller là où vous n'avez encore aucun repère, et donc....aucune habitude !

En résumé, si les habitudes peuvent parfois vous sauver, elles sont majoritairement un frein à votre progrès personnel.

Elles bloquent votre créativité et votre capacité de progression.

Vous pouvez, dès aujourd'hui, choisir de ne pas les laisser décider à votre place, et déterminer votre propre chemin, au lieu de laisser votre cheval suivre la même route jour après jour.

Engagez-vous à ne plus subir vos habitudes, mais à vivre chaque instant de manière consciente, en vous autorisant de nouveaux choix, et de nouvelles façons de procéder.

Décidez aussi de choisir des habitudes positives, notamment celles que suivent les personnes qui réussissent, et que nous allons aborder dans quelques secondes...

2

LES 50 HABITUDES DE CEUX QUI RÉUSSISSENT

Avant de voir comment vous pouvez changer vos propres habitudes négatives, voici un aperçu de celles qui appartiennent aux personnes à succès.

Mieux que de simples habitudes liées à leur comportement, il s'agit avant tout des états d'esprits qui les animent au quotidien, et des attitudes que ces personnes cultivent.

Je vous propose donc maintenant de découvrir 50 habitudes cultivées par ceux qui réussissent :

- 1ère habitude :

Ils cherchent et trouvent des opportunités là où d'autres ne voient rien.

- 2ème habitude :

Ils tirent un enseignement alors que d'autres ne voient qu'un problème.

- 3ème habitude :

Ils se concentrent sur les solutions.

- 4ème habitude :

Ils construisent leur succès de manière consciente et méthodique, alors que d'autres espèrent seulement que le succès les trouvera.

- 5ème habitude :

Ils ressentent la peur comme tout le monde, mais la peur n'est pas ce qui les limite ou les contrôle.

- 6ème habitude :

Ils posent de bonnes questions, celles qui créent un état d'esprit et un état émotionnel positifs, créatifs et productifs.

- 7ème habitude :

Ils se plaignent rarement, car ils savent que les plaintes ne font que créer un état non productif et négatif.

- 8ème habitude :

Ils n'accusent pas, ne cherchent pas de coupables extérieurs, et ils assument l'entière responsabilité de leurs actes et des résultats positifs ou négatifs qui en découlent.

- 9ème habitude :

Alors qu'ils ne sont pas nécessairement plus doués que la majorité des gens, ils trouvent toujours un moyen de maximiser leur potentiel.

Ils obtiennent ainsi plus de ce qu'ils sont, et ils utilisent ce qu'ils ont avec plus d'efficacité.

- 10ème habitude :

Ils sont proactifs, productifs et occupés.

Alors que la plupart des gens sont allongés sur leur canapé, repliés sur eux-mêmes, et occupés à ne rien faire si ce n'est à tourner en rond, à cogiter, ou à ruminer, eux sont dehors en train de faire ce qu'ils ont à faire.

- 11ème habitude :

Ils se tournent vers ceux qui partagent leur état d'esprit, car ils comprennent l'importance de faire partie d'une équipe, et ils créent des relations gagnantes pour toutes les personnes impliquées.

- 12ème habitude :

Ils sont ambitieux, n'hésitent pas à désirer l'impensable, et choisissent de vivre en conscience leur meilleure vie plutôt que de la passer en pilote automatique.

- 13ème habitude :

Ils sont conscients, avec certitude, de ce qu'ils veulent et ne veulent pas pour leur vie.

Ils visualisent et planifient ainsi l'existence qu'ils désirent, alors que d'autres sont simplement les spectateurs de leur vie.

- 14ème habitude :

Ils innovent plutôt qu'ils n'imitent.

- 15ème habitude :

Ils ne remettent pas à plus tard et ne passent pas leur vie à attendre le « bon moment ».

- 16ème habitude :

Ils apprennent tout au long de leur vie, et travaillent constamment à leur éducation, que ce soit de manière formelle et académique, informelle - en regardant, en écoutant, en lisant, en questionnant, et en scrutant la vie - ou expérimentale - en faisant, et en essayant -...

La plupart du temps, ils utilisent simultanément les trois façons d'apprendre continuellement.

- 17ème habitude :

Ils voient le bon côté des choses, tout en ayant les pieds sur terre, et ils sont capables de trouver ce qui est bon en chaque chose.

- 18ème habitude :

Ils font ce qu'ils ont à faire avec constance, indépendamment de la façon dont ils se sentent à un instant donné, et ils ne passent pas leur vie à initier des choses et à s'arrêter.

- 19ème habitude :

Ils prennent des risques calculés, que ce soit financièrement, émotionnellement, professionnellement, ou psychologiquement.

- 20ème habitude :

Ils traitent les problèmes et les défis de manière rapide et efficace, refusent de mettre la tête dans le sable, font face aux difficultés, et en tirent un moyen de s'améliorer à chaque fois.

- 21ème habitude :

Ils ne croient pas à la fatalité, au destin, au hasard ou à la chance pour déterminer ou façonner leur futur, car ils croient en leur capacité et leur engagement à créer activement et consciemment l'amélioration de leur propre vie.

- 22ème habitude :

Alors que beaucoup de gens sont réactifs, eux sont proactifs, et agissent avant d'y être contraints.

- 23ème habitude :

Ils sont plus efficaces que la plupart des personnes dans la gestion de leurs émotions, car ils sont sensibles comme tout le monde, mais ne sont pas esclaves de leur système émotionnel.

- 24ème habitude :

Ils ont un bon niveau de communication, et ils y travaillent consciemment.

- 25ème habitude :

Ils ont un plan pour leur vie et ils travaillent méthodiquement à sa réalisation, ce qui empêche leur existence d'être une succession maladroite d'événements et de résultats imprévus.

- 26ème habitude :

Leur désir d'être exceptionnels implique qu'ils font naturellement des choses que d'autres ne feraient pas, car ils deviennent exceptionnels par choix.

Nous affrontons tous des décisions qui façonnent nos vies de manière quasi-quotidienne, et ceux qui réussissent prennent des décisions et font des choix que la plupart ne feraient pas.

- 27ème habitude :

Alors que la plupart des gens sont des drogués du plaisir et cherchent à éviter la douleur à tout prix, ceux qui réussissent comprennent la valeur et les bénéfices qu'ils trouveront à travailler à des tâches difficiles qu'une majorité de gens évitent.

- 28ème habitude :

Ils ont identifié leurs valeurs fondamentales, et ils font de leur mieux pour vivre une vie en accord avec ces valeurs.

- 29ème habitude :

Ils sont équilibrés, et même s'ils ont financièrement du succès, ils savent qu'argent et succès ne sont pas des termes interchangeables, car l'argent n'est qu'un outil qui peut aider à une réussite plus globale.

- 30ème habitude :

Ils comprennent l'importance de la discipline et du contrôle de soi, se montrent forts, et ils sont heureux d'emprunter le chemin le moins fréquenté.

- 31ème habitude :

Ils ont de l'assurance et une grande dose de confiance personnelle, et ils ne font pas reposer leur identité sur ce qu'ils possèdent, ce qu'ils savent, sur l'endroit où ils vivent ou sur leur apparence.

- 32ème habitude :

Ils sont généreux et bienveillants, et ils prennent du plaisir à aider les autres à réussir.

- 33ème habitude :

Ils sont humbles et ils sont heureux d'admettre leurs erreurs et de présenter des excuses.

Ils sont confiants en leurs capacités mais ne sont pas arrogants, ils sont heureux d'apprendre des autres, et ils prennent plaisir à mettre les autres en valeur plutôt qu'à rechercher la gloire personnelle.

- 34ème habitude :

Ils savent s'adapter et acceptent volontiers le changement, alors que la majorité des gens recherchent le confort et l'habitude, et ils sont à l'aise avec la nouveauté et l'inconnu.

- 35ème habitude :

Ils se maintiennent en bonne forme physique, sans tomber dans l'obsession du corps et de la performance, car ils comprennent l'importance d'une bonne santé, et ils considèrent leur corps comme le lieu où ils habitent.

- 36ème habitude :

Ils cultivent leur énergie, ils travaillent dur et ne sont pas paresseux.

- 37ème habitude :

Ils sont persistants, et quand beaucoup jetteraient l'éponge, eux en sont seulement à l'échauffement.

- 38ème habitude :

Ils sont ouverts et plus réceptifs que la moyenne au retour sur expérience, qui leur permet de s'améliorer.

- 39ème habitude :

Ils refusent de rester en compagnie de personnes toxiques.

- 40ème habitude :

Ils n'investissent ni temps, ni énergie, dans des choses sur lesquelles ils ne peuvent exercer aucun contrôle.

- 41ème habitude :

Ils sont heureux de nager à contre-courant, de faire ce que la plupart des gens ne feraient pas, et ils ne cherchent pas à satisfaire tout le monde ou à obtenir constamment l'approbation des autres.

- 42ème habitude :

Ils acceptent mieux la solitude que la plupart des gens.

- 43ème habitude :

Ils mettent constamment la barre un peu plus haut pour eux-mêmes, ce qui produit de plus grands engagements, plus d'énergie, une meilleure éthique professionnelle et bien sûr de meilleurs résultats.

- 44ème habitude :

Ils ne rationalisent pas l'échec en se cherchant des excuses.

Alors que beaucoup parlent de leur âge, de leur dos douloureux, de leur manque de temps, de leur hérédité, de leur mauvaise étoile, de leur patron insupportable et de leur manque d'opportunités, eux trouvent une façon de réussir en dépit de tout.

- 45ème habitude :

Ils sont aussi capables de décrocher du travail, et savent comment se relaxer, profiter de ce qu'ils ont dans leur vie et s'amuser.

- 46ème habitude :

Leur carrière n'est pas leur identité, c'est leur travail, et ils savent que ce n'est pas ce qu'ils sont, mais que c'est simplement ce qu'ils font.

- 47ème habitude :

Ils sont plus intéressés par ce qui est efficace que par ce qui est facile, et alors que la majorité des gens cherche la voie la plus simple ou la plus rapide, ils recherchent avant tout la façon d'agir qui produira les meilleurs résultats sur le long terme.

- 48ème habitude :

Ils finissent toujours ce qu'ils commencent, alors que beaucoup passent leur vie à commencer des choses qu'ils ne finiront pas.

Ceux qui réussissent finissent le travail, même lorsque l'excitation et l'attrait pour la nouveauté ont disparu, et même lorsque ce n'est plus aussi amusant.

- 49ème habitude :

Ce sont des êtres multidimensionnels, étonnamment et merveilleusement complexes, qui réalisent qu'ils ne sont pas seulement des êtres physiques et psychologiques, mais aussi des créatures émotionnelles et spirituelles.

Ils travaillent donc consciemment à être sains et productifs à tous les niveaux.

- 50ème habitude :

Ils mettent en pratique ce qu'ils prêchent, et ne se

contentent pas de parler de la théorie, car ils incarnent une réalité.

En résumé, ces habitudes sont celles des personnes qui connaissent la réussite, et qui savent la faire durer.

Il vous appartient de rejoindre le groupe des gagnants, en les faisant totalement vôtres, vous aussi.

Dès aujourd'hui, analysez ces 50 habitudes, déterminez celles que vous ne pratiquez pas encore, et choisissez de remplacez progressivement vos habitudes contraires par de nouvelles attitudes à succès.

Pour y parvenir, vous pouvez vous aider des étapes du changement que nous allons maintenant découvrir.

3

DÉCOUVREZ LES ÉTAPES DU CHANGEMENT

Quelles sont les étapes pour effectuer un changement de comportement ou d'habitude, tels que :

- Arrêter de fumer
- Diminuer ou arrêter la consommation d'alcool
- Changer des habitudes alimentaires pour maigrir ou mieux contrôler une maladie
- Devenir moins sédentaire
- Etudier davantage
- Equilibrer un budget
- Etre moins stressé
- Réorganiser son temps
- Choisir de nouvelles priorités de vie
- Ou toute autre habitude que vous voudriez prendre...

Voici un modèle très couramment utilisé pour

décrire les étapes du changement, qui est celui des psychologues James Prochaska et Carlo DiClemente.

Ce modèle inclut cinq étapes :

- La pré-contemplation, aussi appelée l'inaction
- La contemplation, également qualifiée de prise de conscience
- La préparation
- L'action
- Et le maintien

Voici ce qui caractérise ces 5 étapes :

- **La pré-contemplation, ou inaction**

Dans cette phase, la personne ne songe pas à faire de changement.

Elle n'est pas encore très sensibilisée et ne comprend pas encore très bien pourquoi elle devrait procéder à un changement ou encore, elle croit que le changement est trop difficile ou impossible à mettre en place.

Par exemple, à cette étape elle peut se croire trop dépendante de la nicotine, ou croire que la perte de poids est trop difficile à mettre en œuvre.

Ses habitudes actuelles lui semblent encore plus avantageuses.

Dans cette phase, elle doit progressivement arriver à concevoir que le changement pourrait être réalisable, notamment en se focalisant sur tous les avantages qu'elle pourrait en retirer.

- **La contemplation, ou prise de conscience**

Dans cette étape, la personne pense à effectuer le changement dans un avenir plus ou moins rapproché.

Elle a cependant encore tendance à voir davantage les inconvénients et les difficultés à court terme, plutôt que les avantages et bénéfices à long terme.

Pour passer à l'étape suivante, la balance doit donc clairement basculer vers les avantages.

La personne est cependant plus motivée à changer que dans l'étape précédente.

Elle peut notamment être aidée par l'information et les encouragements constants de son entourage.

- **La préparation**

Dans cette phase, la personne est convaincue du bien-fondé du changement qu'elle souhaite mettre en place

Elle croit qu'il est temps d'agir.

Elle commence à poser des gestes et élabore de véritables plans.

Par exemple, elle commence à limiter sa consommation de cigarettes, à mieux choisir son alimentation, à s'informer des activités accessibles, à limiter certaines dépenses, à se lever un peu plus tôt, etc..

Elle a besoin d'envisager positivement sa démarche, d'apprendre à moins craindre un possible échec, et de considérer d'éventuelles rechutes comme des étapes normales dans un processus global de changement.

Elle commence souvent à rechercher de l'aide ou du soutien de façon concrète, par exemple en compilant des recettes santé, en se renseignant sur les tarifs des clubs de sport, en prenant des rendez-vous avec les interlocuteurs appropriés, etc ....

- **L'action**

Dans cette phase, la personne adopte les comportements et les attitudes souhaités, et organise sa vie et son environnement de façon à faciliter ses changements.

Cette étape requiert du temps et de l'énergie.

La personne n'arrive pas nécessairement à maintenir les changements de façon stable.

Par exemples, elle ne fait pas autant d'exercices que prévu, elle ne réussit pas toujours à planifier des repas sains, elle ne parvient pas toujours à dire non aux collègues qui lui refilent leurs dossiers, etc...

Elle est vulnérable et les risques de rechutes sont assez élevés.

Elle doit apprendre de son expérience pour s'ajuster et persévérer dans les changements.

Elle doit donc toujours élaborer des stratégies pour réussir à maintenir son objectif, en mettant toutes les chances de son côté.

Par exemple, elle doit régulièrement réviser ses priorités, se mettre dans de meilleures conditions, gérer le stress, se réserver du temps, être suffisamment reposée, etc...

- **Le maintien ou la consolidation**

Dans cette étape, la personne a réussi à maintenir le changement pendant au moins six mois, la rechute à une étape antérieure devient beaucoup moins probable, et d'une moins longue durée si cela arrive.

S'il lui arrive de fumer une cigarette, par exemple, elle prendra des mesures pour éviter que cela se reproduise.

Lors d'un changement d'habitude de vie importante, tout le monde passe par ces 5 phases, de façon plus ou moins facile et rapide.

Certains seront plus lents à se mettre en action, mais franchiront les autres étapes en un temps record, là où d'autres ne perdront pas de temps pour se lancer, mais seront plus longs à consolider leurs résultats.

Pour vous lancer dans le processus de changement, et l'expérimenter par vous-même, engagez-vous dès aujourd'hui vers une nouvelle habitude.

Sachez que d'autres idées vous seront données un peu plus loin...

Procédez en 2 temps :

- **Faites la liste de 10 habitudes positives.**

Il doit s'agir de nouvelles habitudes que vous « voulez » adopter et non que vous « devez » adopter.

Ces habitudes doivent vous apporter de l'énergie et non vous contraindre.

Voici quelques suggestions très variées, qui peuvent vous inspirer :

- Féliciter un collaborateur pour un travail bien fait.
- Réduire de moitié votre consommation de café.
- Méditer 20 minutes par jour.

- Limiter les activités chronophages comme surfer sur Internet toute la soirée.
- Reprendre contact avec quelqu'un que vous avez perdu de vue.
- Classer vos papiers.
- Passer du temps avec vos enfants.
- Faire du sport au moins une fois par semaine.
- Vous couchez à une heure fixe.
- Etc...
- **Ensuite, engagez-vous fermement pendant une semaine à mettre en place une habitude positive.**

Vous pouvez utiliser des Post-It pour vous aider :

- Le Post-It collé sur le miroir de la salle de bain pour vous rappeler que vous devez vous coucher tôt
- Celui collé sur le frigo pour vous rappeler que vous devez manger sainement
- Celui que vous mettrez sur le téléphone pour vous rappeler que vous devez appeler une certaine personne.
- Etc...

Il n'est pas forcément nécessaire d'écrire sur le Post-It, car vous saurez ce qu'il signifie !

Donnez-vous le temps de vous prouver que vous êtes capable de prendre une bonne habitude, sans baisser les bras lorsque vous vous sentez faiblir.

Une bonne nouvelle est que Pavlov, le médecin et physiologiste russe spécialisé dans le conditionnement des réflexes, a démontré que quand on parvient à maintenir un comportement plus de 21 jours, il est alors intégré à notre fonctionnement quotidien.

Même si vos habitudes ont ensuite besoin d'être consolidées et renforcées, il n'est donc pas surhumain d'y parvenir !

En résumé, prendre de nouvelles habitudes relève d'un cycle du changement qu'il est important de bien comprendre, et pour lequel vous devez vous préparer, en commençant notamment par des changements simples.

Dès aujourd'hui, prouvez-vous que vous êtes capable de faire changer des éléments de votre vie, même minimes, car il sera ensuite toujours temps de viser des domaines plus ambitieux.

Choisissez donc une habitude à modifier ou à mettre en place, et attelez-vous à cette tâche sans tarder !

4

LES TECHNIQUES POUR METTRE EN PLACE ET CONSERVER LES BONNES HABITUDES

Allons maintenant un peu plus dans le détail de ce que vous devez faire pour mettre en place de nouvelles habitudes…

Redéfinissons d'abord précisément le terme de « changement ».

Un changement est un acte significatif qui sort de nos habitudes.

Voici un exemple simple :

Vous avez pris l'habitude de vous lever tard, et pour changer, vous avez décidé de vous lever tous les jours à 6h du matin, ce qui impliquera de vous fixer une nouvelle habitude.

Très souvent une habitude répond à une facilité, et à une mise en situation directe de zone de confort.

L'esprit humain à tendance à choisir l'habitude où il n'a pas besoin d'être dans une situation d'effort, de courage ou de danger.

Les changements d'habitude les plus significatifs sont donc

les changements qui vont à l'opposé de ce que vous faites naturellement.

Bien sûr, s'il suffisait d'appliquer le dicton « *pour changer, il faut des changements* », tout serait facile et le monde serait merveilleux.

Le seul hic est qu'il s'agit là d'un acte difficile et très souvent douloureux.

Je vous propose toutefois une méthode pour changer avec efficacité et instaurer un changement durable.

Cette méthode fait appel à plusieurs processus qui marchent sur l'esprit humain :

- L'entraînement, à savoir la répétition selon un emploi du temps précis d'un ensemble de tâches
- L'autosuggestion, à savoir se focaliser sur une finalité et se conditionner mentalement vers cet objectif
- Et enfin, la puissance collective, dont nous parlerons plus loin

Reprenons notre exemple simple de la personne qui a du mal à se lever tôt.

Appliquons cette méthode : entraînement / autosuggestion / puissance collective.

En quoi cela consiste t'il ?

- **Cela consiste tout d'abord à écrire un programme d'entraînement clair, et à fixer un emploi du temps pour ce programme d'entraînement.**

Par exemple le programme sera le suivant :

Un lever progressif avec une réduction de 15 minutes chaque jour : prenez votre heure de lever à corriger, et réduisez chaque jour cette heure de lever de 15 minutes jusqu'à arriver à l'heure de lever souhaitée.

Vous commencerez alors l'entraînement et mettrez en route la mécanique, ce qui vous permettra d'instaurer progressivement une habitude nouvelle.

- **L'autosuggestion consiste à considérer ce changement comme une obsession.**

Il s'agit d'avoir en tête à longueur de journées des images mentales représentant ce changement, tout en s'imaginant très souvent le résultat obtenu.

- **La puissance collective est l'utilisation de la force des autres pour vous aider.**

C'est assez simple...

Seul, il est toujours difficile de changer, mais en utilisant la complicité d'autrui, vous utilisez aussi sa force.

Dans cet exemple simple de changement d'heure de lever, cela reviendra par exemple à programmer des actions à faire très tôt le matin, et qui vous obligent à de la discipline, parce qu'elles font interagir d'autres personnes.

Par exemple c'est à 8h30 que vous donnerez rendez-vous à votre médecin, à votre garagiste, ou à un ami...et que vous utiliserez la puissance collective.

Cette dernière part d'un principe assez simple : pour changer, l'accord qu'on se fixe avec soi-même est souvent difficile à tenir.

Par contre, vous aurez plus de mal à ne pas tenir une promesse faite à un ami ou à une autre personne, que ce soit pour une question d'orgueil, d'éthique ou de conscience personnelle.

Utilisez donc au maximum la puissance collective, et commencez à faire des promesses à autrui, à en parler, voire même à les écrire noir sur blanc.

Mettez-vous ainsi volontairement dans des situations de porte-à-faux qui vous contraignent à respecter le changement que vous avez choisi d'opérer.

En utilisant le dicton simple « pour changer, il faut des changements », vous avez là un outil extraordinaire pour changer votre vie, et pour vous donner les moyens de réaliser ce que vous avez toujours eu envie de faire.

Alors dès aujourd'hui, je vous pose la question : « qu'avez-vous envie de changer ? »

Lorsque vous aurez mis en place de nouvelles habitudes, il vous faudra parvenir à les conserver suffisamment longtemps pour qu'elles portent leurs fruits.

Mais il n'est pas toujours simple de continuer de se lever à 6h, ou de faire du sport 4 fois par semaine.

Voici quelques techniques pour vous aider à persévérer, surtout si vous laissez passer quelques jours et que craignez de laisser tomber vos nouvelles habitudes chèrement acquises :

- **Choisir des habitudes quotidiennes :**

La 1ère solution consiste à transformer des habitudes régulières en habitudes clairement quotidiennes.

Parfois ce n'est pas très difficile de maintenir une habitude, même les jours où n'en aurait pas vraiment besoin.

Par exemple, se lever à 7h en semaine, puis se lever à 11h pendant le week-end, rend le lever du lundi suivant bien plus difficile que si l'on garde le même horaire de lever tous les jours.

Faire la même chose 7 jours de suite est en général bien plus simple que de ne le faire que 5 jours sur 7.

Même s'il n'est pas indispensable de conserver la même habitude tous les jours, procéder de la sorte sera bien plus facile sur le long terme, notamment chaque fois que cette habitude est essentielle.

Avec une pratique de 100%, une habitude deviendra un réflexe, et vous n'aurez plus vraiment besoin d'y penser.

Mais si cette pratique n'est que de 80%, vous lancerez des messages contradictoires à votre inconscient, comme : « est-ce un matin où je dois me lever, ou est-ce que je peux trainer un peu ? Est-ce un jour où je dois faire du sport, ou est-ce que je peux laisser tomber aujourd'hui ? ».

L'habitude clairement quotidienne est nettement plus simple à mettre en place et à suivre.

- **Utiliser des habitudes de remplacement**

Si vous souhaitez réellement avoir une habitude qui ne sera valable que 5 jours sur 7, et dans certains cas qui s'y prêtent, vous pouvez choisir la technique du remplacement.

Par exemple, vous ne voulez faire du sport que les 5 matins de la semaine, et faire relâche le week-end ?

Alors, soyez assuré d'avoir une autre habitude, dédiée à ces

2 jours-là, qui viendra prendre la place de votre habitude principale.

Dans cet exemple, il peut s'agir de tenir votre journal à jour, de faire le rangement de vos placards, ou de faire le marché, c'est à vous de voir.

L'idéal est quand même d'utiliser une habitude proche : remplacez par exemple le rituel de la séance de course par une sortie à vélo.

De cette façon, l'habitude restera proche, et sera plutôt du domaine du changement d'activité.

- **Utilisez les chaines d'habitude**

Lorsque plusieurs habitudes sont reliées entre elles, il devient plus difficile de se soustraire à celle qui nous pèse un peu, car elle est incorporée dans un tout.

Par exemple, si vous instituez une chaine du type : se lever / allumer la radio pour écouter les nouvelles / faire 30 minutes de vélo d'appartement / se doucher / s'habiller / et prendre le petit déjeuner, il devient plus difficile de mettre le vélo de côté, que s'il était à prendre en compte seul, à un moment quelconque de la journée.

Lorsque les 2 extrémités de la chaine sont bien ancrées, ce qui se trouve au milieu a plus de chances de rester en place.

Et comme il y a peu de chances que vous ne vous leviez pas ou que refusiez de manger, le vélo devrait normalement s'intégrer assez facilement dans votre routine matinale, même s'il peut arriver que vous sautiez exceptionnellement cette étape.

- **Engagez-vous spécifiquement**

Si certaines de vos habitudes ne sont pas prévues quotidiennement, assurez-vous que vous savez exactement quand et comment elles vont être mises en œuvre.

Si l'on reprend l'exemple du vélo, et que vous savez que vous n'en ferez pas tous les jours, ne vous contentez pas de dire « *je vais faire du vélo 3 à 4 fois par semaine* ».

Engagez-vous clairement dans votre nouvelle habitude, en disant par exemple : « *je vais faire du vélo les lundis, mardis, jeudis et vendredis, de 8h00 à 8h45* ».

Plus votre engagement sera clair, et plus votre habitude est susceptible de s'ancrer de façon durable.

Ecrivez votre engagement, ce sera encore plus bénéfique, par exemple en l'inscrivant dans votre agenda, et assurez-vous de ne jamais rien prévoir d'autre sur ces créneaux horaires.

Oubliez dès maintenant les « *peut-être* », « *si j'ai le temps* » et autres « *on verra* ».

Décidez précisément et à l'avance de la façon dont votre habitude doit s'exercer.

En résumé, utilisez les techniques qui vous conviennent le mieux, mais prenez toujours vos habitudes au sérieux, en vous donnant les moyens nécessaires pour les mettre en place.

Dès aujourd'hui, en partant d'une des nouvelles habitudes que vous avez choisi de mettre en œuvre dans votre vie, choisissez la technique dont vous allez vous servir :

- Faites-en par exemple une habitude quotidienne
- Ou transformez cette habitude en un rendez-vous qui inclut une tierce personne
- Ou encore, engagez-vous formellement dans votre

propre planning, si vous avez la force de caractère pour respecter seul cet engagement.

Dans tous les cas, agissez, et n'attendez pas que votre nouvelle habitude se mette en place d'elle-même, car encore une fois, il n'est question ici que de votre propre manière consciente de choisir les axes prioritaires de votre existence.

5

VOS EXERCICES PRATIQUES

Afin de vous aider à aller plus loin, je vous propose ici d'autres idées complémentaires qui vous permettront de développer de nouvelles habitudes, en bousculant vos repères naturels.

A vous de choisir, parmi elles, celles qui vous donneront envie de mettre vos vieilles habitudes au placard, et de tenter de nouvelles choses :

- **Chez vous, déplacez 6 objets de leur emplacement habituel.**

Depuis combien de temps votre canapé est-il à la même place, et depuis combien d'années la statuette rapportée d'ı voyage au Mexique prend-elle la poussière sur votre cheminée ?

Quelles nouvelles connexions vous viennent à l'esprit quand vous voyez vos objets ou vos meubles changer de place ?

Ne ressentez-vous pas un changement positif de moral, en ayant l'impression de vous retrouver dans une nouvelle maison?

- **Tentez quelque chose de nouveau tous les jours.**

Si vous avez l'habitude d'assister à des spectacles musicaux, essayez pour une fois une pièce de théâtre et laissez de coté vos a priori.

Ou allez à une première, si vous ne l'avez jamais fait.

Lisez votre journal de la fin au début, ou encore à l'envers...

Ne vous posez pas trop de questions, et faites des essais !

- **Osez un changement physique sur vous-même.**

Achetez-vous par exemple un nouveau pantalon d'1 style différent du vôtre, ou bien ce pull « rose bonbon » que vous n'aviez jamais osé acheter auparavant mais qui vous tente tant.

- **Prenez un itinéraire différent 5 jours de suite pour aller au travail.**

Vous allez ainsi découvrir de nouveaux endroits et surtout un nouvel environnement, tout en vous forçant à quitter votre petite routine.

- **Marchez dans une rue principale de votre ville et entrez dans un magasin ou vous n'avez jamais mis les pieds.**

Vous allez ainsi y découvrir de nouveaux articles, des nouvelles têtes et de nouvelles idées shopping.

- **Écoutez de la musique à l'opposé de vos goûts.**

Écoutez par exemple du tam-tam africain, des chants tahitiens, un requiem de Mozart ou de la musique Disco à la place de votre habituel rock n'roll.

C'est comme ça que vous ouvrirez votre cerveau à d'autres influences et à de nouvelles sensations.

- **Passez 10 minutes par semaine à trouver de nouvelles idées afin de les mettre en pratique.**

Plus vous appliquerez ce nouveau concept et plus vous serez étonné de son impact sur votre lot d'habitudes et sur votre propre vie.

CONCLUSION

Vos habitudes ne sont pas dues à la fatalité, mais seulement à ce que vous désirez en faire.

Elles peuvent être apprises, modifiées, voire remplacées, et devraient idéalement changer régulièrement pour stimuler votre potentiel et vous empêcher de vous scléroser.

Il n'y a pas de bonnes ou de mauvaises habitudes – peut-être à l'exception de certaines d'entre elles, relatives à la santé – mais seulement des habitudes qui vous correspondent ou pas, et qui sont celles des gagnants, ou pas.

Si la décoration de votre maison n'a pas changé d'un iota depuis 10 ans, si vous n'avez jamais tenté de modifier votre style vestimentaire, si vous ne lisez rien d'autre que des romans policier, si vous partez toujours au même endroit pour vos vacances, et si vous ne vous êtes pas lancé un seul défi sportif ou intellectuel depuis des lustres....qu'attendez-vous ?

Votre réussite repose sur de nombreux facteurs, qui ne peuvent pas se contenter d'une seule manière de vivre et de faire les choses.

Alors, multipliez les expériences, bousculez votre train-train, ouvrez les yeux et les oreilles pour ne pas raisonner sur des a priori, et accueillez tous les changements avec gratitude.

C'est grâce à ces changements que vous vous sentirez vivant, que vous aurez en permanence des objectifs qui vous tendront les bras, et que vous aurez envie de connaitre la réussite dans de multiples domaines.

Adoptez les habitudes des personnes qui réussissent, et qui consistent en un véritable état d'esprit plutôt qu'en une succession de gestes routiniers dépourvus de sens au bout d'un temps. Réécoutez souvent cet enregistrement et les 50 habitudes de ceux qui réussissent pour qu'elles s'ancrent petit à petit dans votre esprit.

Osez, soyez inventif, faites preuve de curiosité, et prenez l'habitude de ne pas avoir d'habitudes à long terme, à l'exception d'une volonté perpétuelle de changement et d'une grande soif de connaissances.

Ne laissez pas votre cheval intérieur prendre la route en votre nom, et revendiquez votre liberté, aujourd'hui et maintenant !

À PROPOS DE CHRISTIAN H. GODEFROY

Christian Godefroy est un auteur, éditeur et copywriter né en 1948, mort en 2012. Il a commencé son activité après avoir écrit un premier livre, la Dynamique Mentale, publié chez Robert Laffont. Il a créé les Éditions Godefroy en 1977 et publié de nombreux livres de développement personnel.

À partir de 2000, il s'est consacré au développement de son site, le Club Positif, et a republié de nombreux livres de développement personnel et des méthodes et formations sur le marketing et le copywriting sur internet.

DU MÊME AUTEUR

La dynamique mentale

Les secrets de l'attraction

Destination Succès

Histoires magiques du Club Positif

Formules magiques pour exaucer vos vœux

Dictionnaire des pensées positives

Comment écrire une lettre qui vend

Méthode E.L.S

Time Management System

Les secrets du copywriting

Comment écrire une lettre qui vend

Comment utiliser le storytelling pour vendre et promouvoir des produits, des services, des marques et des identités

How to write letters that sell

Comment s'enrichir sur internet sans avoir de site

Infopreneur : comment avoir une machine automatique à faire de l'argent sur internet (gratuit)

Printed by Amazon Italia Logistica S.r.l.
Torrazza Piemonte (TO), Italy

15562466R00034